ああ娘

西原理恵子+父さん母さんズ

角川文庫
18193

本文カット　西原理恵子
本文デザイン　國枝達也

目次

《大反響をいただいた、息子育てのトホホな苦労話投稿集「ああ息子」。その第2弾「ああ娘」の投稿を募集します。お母さんだけではなく、お父さんら、さまざまな立場からの「ああ娘」をお待ちします》

本書には、上の募集で寄せられた投稿から西原理恵子さんが選んだ82編と、「毎日かあさん」のファンサイト「毎日かあさんち」に寄せられたメールから編集部が選んだ4編を収録しました。

LOVEマシーン

1 世話女房

（茨城県ひたちなか市、主婦、関谷聡子、32歳）

世話焼きタイプの娘（2歳）は、父親が帰宅するとひとしきり狂喜乱舞した後、「ふぅ〜ぅ（お風呂《ふろ》）？」、「あむする（ご飯）？」と新妻のような質問。食卓につけば「これおいしいよ！」と感想を交えつつ、離れたおかずの皿を引き寄せ、デザートのぶどうは房からはずして口に入れてやる。あげくに脱衣場でズボンをひっぱって脱ぐのを手伝う始末。さすがに、パンツは断られていた様子。

ごちそうをよく思い出してる

2 ばあば感激

（埼玉県羽生市、公務員、森重佐記子、35歳）

3歳になったばかりのわが娘。同居している母が検査入院し、退院してきたその晩のこと、「今日はばあばとお風呂に入る！」と喜んで浴室へ。たまたま私が洗面所に行ったとき、母が「ゆうちゃん、ばあばがいない間、よい子にしてた？」と聞いています。「できなかった……」と娘はしょんぼり。「どうして？」と尋ねる母に、「だってぇ、ゆうちゃんの大好きなばあばがいなかったからいい子にできなかったの」とかわいい声で答えています。私は笑いをこらえてその場を後にしましたが、慣れない入院で気弱になっていた母はもう大感激！　こうして元気になったばあばは、孫にこき使われています。

❸年中無休（東京都三鷹市、主婦、吉田圭子、58歳）

長女は30歳を目前に結婚し、なんとか無事出産。目と鼻の先に住み、毎日夕方になると我が家にやってきて、おかずを1、2品持ち帰ります。ただ今、我が家は、年中無休の保育園状態です。「せめて週休2日にしてよ」という私に、「うふふ、孫はかわいいでしょ。お母さんは毎日見られて幸せだね」と取り合わない娘。誰が言ったか知らないけれど「孫は来てうれし、帰ってうれし」は名言です。

4 母性

（大阪府岸和田市、主婦、諏訪原美登里、39歳）

夕食の準備をしている時、シンク下に置いてある醬油《しょうゆ》を使おうと扉を開けたら、ない。一緒にみりんやお酒、お酢もない。？？と考えていると、別の部屋で「ねんね～」の声が。行ってみると、そこにはベビー布団に寝転ぶ1歳の娘と、バスタオルをかけられた数本の瓶が……。娘はヨシヨシしながら調味料をあやしていました。

ながく入って
あげてね
お父さん
いちばん
シアワセそう。
娘風呂

5 手を振る人

（大阪市平野区、管理栄養士、時岡奈穂子、33歳）

「ばいばーい」が上手にできるようになった1歳5カ月のわが娘。犬や猫を見かけると、一生懸命に「バイバイ」していて、ほほえましい仕草にこちらも和む。ある日、テレビを見ていると突然うれしそうに「ばいばーい！」。さぞかわいいものが映っているのだろうと画面を見ると、そこには金正日……。たしかにあちらも手を振ってたけれど。

6 女の涙

（三重県伊勢市、主婦、辻理恵、30歳）

お正月休み明けの朝、お父さんが出勤の用意をしている足元にまとわりつく3歳の娘。お父さんが「いってきます」って言うと、目にいっぱい涙を浮かべてうるうるうる……。お父さんタジタジ……。「早く帰ってくるからな！」とドアを閉めたとたん、平気な顔してテレビを見に行った。

7 美容クリーム

（大阪市東淀川区、介護ヘルパー、野坂つづる、31歳）

長女が生後10ヵ月ごろのこと。ぽかぽか陽気の昼下がり、一緒に昼寝の至福の時間。腕の中で寝ていた娘がなにやらごそごそしている。気にせず惰眠をむさぼっていると、娘の手が私の髪の毛に、なでるような動作を繰り返している。なんかべたべたしてるしなんとも言えん匂いもただよってきた。薄目をあけると、彼女は満面の笑みで自分のおむつの中に生産したうんちを母の髪の毛に塗りたくっていた。「ほ、ほえぇえぇぇええ!!」。これまで出したこともない悲鳴をあげつつ、娘を抱えて風呂場《ふろば》にとびこみました。シャンプーの泡だらけになる母に、それは不思議そうな顔で風呂場の床に座り込んだ娘。あのときの天使のような笑顔は母の脳裏に焼きついておりますとも。

いちばんの武器は笑うこと

8 昼寝

（福島県郡山市、主婦、高木明子、37歳）

娘がまだ2歳のころ、昼寝をしようと横になっても、寝てしまうのはいつも私の方。そんなある日、昼寝から目覚めると、娘は一人で遊んでいて、私の体にはタオルケットがかけられていました。「なんて優しい子なの！」と感動しつつも私の昼寝は毎日続きました。数日後、毎回かけられていたタオルケットは普通サイズのタオルに格下げになり、さらに数日後、私の肩からはティッシュがヒラヒラァ〜と落ちてきました……。「いい加減にしろよ！✧」と言葉にできない娘の意思が、見事に伝わってきた瞬間でした。

9 つぼ押しマシーン

（千葉県松戸市、会社員、吉川肖子、42歳）

夜遅くなって娘（6歳）が寝た後に帰宅すると、テーブルの上に折り紙の裏に書かれた手紙が置かれていて、「まま、おつかれさま」「まま、だーいすき」などなどの泣かせる文章が。休みの日に朝いつまでも起きてこない母には「しょーがないなー、これで起きるかな？」と言いながら熱烈なちゅー。風呂場では、娘に背を向けて座ってシャンプーしていると、「すき〜」と言いながら背中にぴとーっとくっついてくる。疲れた時はマッサージもしてくれるので、物理的にも心理的にもつぼ押しマシーンです。おかげで我が家は、父ちゃんだけでなく、母ちゃんまですっかり娘の手下です。

10 好かれる術

（愛媛県新居浜市、主婦、羽藤みずほ、40歳）

3歳の娘は外出先で年配の女性に人気がある。そりゃそうだ。どう見てもオバ様世代の女性へ「おねえさ～ん」と可愛らしい声で話しかけるのだ。先日はオバア様世代の女性が「もう、おばあちゃんの年齢になってしまったわ」と言うと、娘は「ちがうよ～！　おねえさんだよ～」と大きな声で否定し、その女性を感激させていた。3歳で身につけた同性に好かれる術《すべ》、要領の悪い母にもおすそ分けしてほしい。

字も読めないのに
場の空気は
誰よりも速く
読めるね。

11 娘が人の気持ちをわかったこと（札幌市白石区、会社員、松井英充、46歳）

私が少年時代からファンのある歌手のコンサートのチケットを入手しました。パソコンで席を確認していると娘たちがやってきました。そこで、30年以上もこの人のファンであること、そして多分この公演が最後になることを教えました。その夜、私の部屋の前に長女（9歳）の手紙と封筒がありました。「コンサートに使ってね」と封筒にはお年玉を貯めたお金が3000円。9歳の子にとっては大金です。私の心を分かってくれただけでも、嬉《うれ》しかった。でもお金は受け取れません。手紙は大事にとっておくと娘に伝えました。

そして数日後、私の枕元にまた手紙と封筒がありました。「もともとパパのお金だから使ってね」との手紙でした。娘を抱きしめ、お礼を言いました。お金に代えられない「娘の心」をもらいました。このお金で花束を買います。一生の思い出になる公演になります。

浪花節だよ人生は

12 誤解 （島根県浜田市、主婦、大岡ミチ子、66歳）

干支《えと》の話をしていて、幼い娘に「あなたは、いのしし年よ。お母さんはたつ年」と言いました。その時から、娘は人知れず悩んでいたようです。「かわいいA子ちゃんはうさぎ年に違いない。自分がいのしし年だということは誰にも言うまい」などと思っていたそうです。そして小学校低学年の頃、担任の先生が、「このクラスの人は、ほとんどいのしし年だね、ねずみ年の人もいるけど」と言ったとき、やっと自分の間違いに気づきました。娘は、干支は顔で決まると思っていたのです。

立体によわい

13 ヤモリ

（山口県防府市、主婦、中田由美子、42歳）

二女が年少の頃のこと。主任先生が笑いをこらえながら話してくれました。娘は、男の子用の小便器に、ヤモリのようにはりついて用を足そうとしていたそうです――。我が家は官舎暮らしで洋式トイレのみ。初めて見た男子トイレで、男の子がするのを見て、そうやって立ってするものと思ったようです。姿を想像すると今でも笑ってしまいます。

14 あなた・だ・け（東京都台東区、会社員、秋山愛理花、44歳）

私が出産直後に仕事復帰したため、うちの娘は生後2カ月で乳児保育園に預けられた。優しい保母さんたちに大層可愛がっていただき、快適な園生活を送っていたようだ。家では「世界でいちばん好きなのはママ〜」と一途《いちず》に甘えてくる娘の愛らしさに馬鹿母はメロメロ。ほっぺに熱いチュ〜を何度もしたものだ。ところがある日、保母さんが我が家に遊びに来てくれたとき、どうしたことか娘は居心地悪そう。保母さんの腕のなかに抱かれている間は私にばつの悪そうな様子。が、私がちょっと席をはずすと、きゃっきゃと笑い声をあげている。そうか……本妻と愛人に挟まれた男のような心境か。甘いセリフを保母さんにも囁《ささや》いていたんだね。娘のたくましさが嬉しくもあり、淋《さび》しくもあり。

15 そんなつもりは（東京都杉並区、会社員、阿部睦子、42歳）

ウチの娘は小4です。離婚して私が引き取ってから早5年。しっかりしているようでも、まだまだ甘えん坊だと思っていました。

ある晩、一緒に風呂《ふろ》に入っていた時のこと。髪を洗っている彼女の横顔を見ながら「ますますパパに似てきたねぇ」と何気なく言うと「私と一緒に暮らす限りパパを忘れられないねぇ」と普段よりとっても低い声で私をチロ－リと見た！　まるで「ご愁傷様」とでも言わんばかりに……。

娘よ、勘繰りすぎだあ！　うちは女2人の生活なので誰かにこびるという必要もないせいか、最近シビアな娘の言動におかしいような、怖いような。

おばちゃんえらくなってね
女の子は物理習わなくて
いいって
法律作っといて
あげるね。

16 好きなところ

（東京都世田谷区、主婦、戸川さや、29歳）

我が家の一人娘を有名私立幼稚園に入れようと受験塾に通わせた。入試が近づいて模擬面接のとき、「お父様のどんなところが好きですか」と面接官が聞いたら、

「はいっ、オチンチンのあるところが好きです！」

と娘は元気よく答えたそうだ。

母親の私はすぐに呼び出されて厳しい注意を受けた。本番じゃなくてよかったぁ～（本番では無事受かってくれました）。

17 理解（東京都杉並区、会社員、長谷洋之、41歳）

娘の小春（小学3年生）と風呂に入っていた時のこと。突然、小春がこんなことを言い始めた。

「お父さんは出世の見込みあるの？」

「見込み!?」と私は一瞬噴き出しましたが、「ないよ」と真実を伝え、「出世してほしい？」と聞き返しました。

「うん」と小春。

「出世すると、会社から帰ってくるの、小春が寝たあとで、土曜とか日曜とかも会社に行くことになるけど、それでもいい？」

と私が聞くと、小春は「う〜ん」と5秒ほど考えた後、

「じゃ、いいや！」

とあきらめてくれました。

ホッ、よかった〜！

仲良しお友達からお泊まりのおさそい
あしたウチに泊まらない?
うーんとどうしようかなあ。あのねあのね
そうするとお父さんがさみしがるかもしれないからやめとくね。
ぴょっ
ほんとはお泊まりしたかったんじゃない?
いいのいいの。あしたちょっとだけ、あそぶ約束したし
次の日友達にあっさりすっぽかされてお父さんにぷんぷん
一日クチきいてあげない

いつか王子様が

18 誘導尋問

（韓国・ソウル特別市、主婦、坂井功子、32歳）

酒好きの主人に酒好きの会社。必然的に帰ってくるのが遅くなります。下手すると1カ月酒びたりだったりします。そんなある日の夕方、いつものように主人から電話。ちょうど忙しかったので上の娘（5歳）に出てもらったら、「お父さん、遅くなるの？」「何時に帰ってくるの？」そして……「彼女と一緒なの？」。

啞然《あぜん》とする私の目の前で「じゃあね」と受話器をガチャンと置く娘。そのあとすぐに主人から電話。また電話を受けた娘が「お母さんにかわってだって！」。

……あなた、私が教えたんじゃない。娘は確実に成長してるのよ。

もう
結婚の
心配
ばかり
してる

19 疑惑

（愛知県春日井市、主婦、村井由美子、44歳）

ある朝、主人が「この背広クリーニングに出しといて」と言って会社に行った。ポケットの中を確認したら5〜6センチくらいの金属片——。私が「これ何だろう？」と言ったら、当時8歳の息子と5歳の娘が寄ってきてあれこれ考えていて「きっと鍵《かぎ》だ」ということになった。そして夜、主人が帰ってきたら娘がツカツカと寄っていき、厳しい口調で「父さん、女のところに行ったね！」と言った。「はぁ？」と訳がわからない主人に「これ何⁉」と例の金属片をさしだした。結婚して数十年、おかげさまでいまだかつてそのような場面に出くわした事はないのに、そんな詰問の仕方をどこで覚えたのかしら。これも女の本能かと思いました。例の金属片はゴルフの芝目を直すものだそうです。

20 直感

（千葉県松戸市、主婦、浅野美樹、31歳）

うちの3歳の娘は甘えんぼのパパっ子です。いつもは夫が帰ってこないと寂しがって「パパは私が嫌いになったんだね……だから帰ってこないんだ」なんて出張先に電話してぐずるので、泊まりで行く時は娘には内緒にしていたのですが、ある朝珍しく、夫が「今日は出張でお泊まりして帰れないけど、いい子にしてるんだよ」と言ったら「どこで寝るの？」と娘。夫が「ビジネスホテルっていって、ベッドと風呂とお仕事する机しかないちっちゃいお部屋だよ」。

娘は「ベッド……ふうぅん、女だね！」。

私以上にびっくりした夫はしどろもどろの説明を続けたあと、「お前はいったいどんなドラマを見せたんだ！」と私に八つ当たり……恐るべし3歳児。

21 おとめ心

（愛知県稲沢市、主婦、松藤有里、38歳）

娘のゆうか（6歳）とテレビを見ていると、速水もこみちさんが登場。私が思わず「かっこいい！」と言うと、「この人好きなの？」と聞いてくるので、「かっこいいから好き」と深くも考えずに答えました。

すると、近くにいた主人を気遣ってか、声をひそめ、

「この人がお父さん（夫）だったらどうする？」

と真剣な顔で聞いてくるではありませんか。私は答えが見つからず、

「ゆうかちゃんは？」と聞くと、

「毎日ドキドキすると思う」。

6歳にしてもう立派な乙女なのね。

首がすわったころからもうイケメン好き・

22 トキメキ（新潟県長岡市、図書館司書、澁谷範子、47歳）

小さい時から生真面目な性格の長女。小学校入学が近づいて緊張ぎみだったころ、真剣な面持ちで「どきどきして胸が痛い」と言っていました。そばで聞いていた末娘（当時3歳）はけだるく頬杖《ほおづえ》をつきながら言いました。

「それって『こい』でしょ」

そんな娘たちもいまや高校と中学。『恋』の意味がわかったかなぁ？

23 恋する保育園

（神奈川県小田原市、事務職、ゆみ、30歳）

保育園に通う4歳の娘には、すでに結婚を約束した男の子がいる。約束というよりもう結婚しているらしい（何か誓約書のようなものまで書かせたらしい）。毎日毎日彼のことばかり口にして、ピンク色の服ばかり着てはヘアスタイルにも気を使い、朝は私と一緒にお化粧もする。娘が生まれた時、男の子にもてる子になってほしいと願ったのは私だが、これが本当のお年頃になったらどうなるのだろう……と期待と不安が入り混じる母なのです。

24 へび女（大阪市城東区、保育士、小田文江、40歳）

飛び散った玄関の靴。廊下につづく口の開いたカバン。3日前のクラブで汗ビショのシャツが丸まったまま。ヘビの脱皮のようにそのまま下に脱ぎおろした制服のスカート。お菓子を食べ食べ吉本新喜劇にギャハハっと大声で笑い、太ももをたたく中学生の娘。弟には「姉ちゃんの菓子食うたらどーなるかわかっとるんやろなー」とすごむ。ミス外面No.1のおメメぱっちりの彼女に気の弱い彼ができることを、家族はひたすら祈っている。（書きながらビビっている母です。ああ心臓に悪い……）

あのね、
白馬の
王子様って
ほんとは
いないん
だよ。

25 熱愛（川崎市高津区、歯科衛生士、阿部文歌、38歳）

娘4歳のバレンタインデー。大好きな男の子にチョコを渡したあと、彼のところに紙と鉛筆を持っていった。

娘「あゆくん、チョコもらってうれしい？」

彼「うん」

娘「あゆくんのこと大好きだからあげたんだよ。あゆくんも私のこと好き？」

彼「……うん」

娘「うん、じゃわからないよ。好きなら好きって言って！」

彼「……好き」

娘は彼に紙と鉛筆を渡し、

「じゃ書いて。『好き』ってちゃんと書いて！」。

『さやか　すき♡』（ハートマークまで書かされていた）の紙は、今でも娘の宝物入れにしまわれています。

Vの日

バレンタイン前日は
どの女の子の家も
チョコ作りで大変。
あの子とあの子と
それから、もう一人。
さあ当日。
義理チョコを渡す
のはカンタン
はいあげる。
ぽーんってね。
大事なのは
本命チョコの
渡し方。

あくまでも自然に。でも心細いから親友のゆみに一緒に、きてもらおう。

それから今日は特別おシャレしてそんで彼のいつも遊んでる場所でさりげなく――

なワケでバレンタイン当日の学校の近所のちょぼいザリガニ釣り公園ではドロだらけの男の子を遠目からジリジリと包囲しているたくさんのおしゃれ女子。

みんなステキな
恋をしてね

Vの日/おわり

これが私の生きる道

26 足ワザ

（埼玉県鴻巣市、主婦、田島美紀、34歳）

4歳の二女は、とても甘え上手。食事のとき、隣に座っているじいちゃんかパパのひざの上には、必ず彼女の片足が乗せられています。常に密着状態で当たり前のように食事をしつつ、隙があればすんなりひざの上に〝お座り〟。

この流れは毎回、見事です。もちろん私のひざにも乗ってきますが、女同士にこの技が効くはずもなく、あっさり払いのけています。

「おおきくなったら
お父さんと
けっこんするの♥」
本日も
家庭内キャバクラ開店中

27 ドタキャン娘

（静岡県浜松市、会社員、川上和美、34歳）

娘の七五三の話です。3歳のとき、着付けまではＯＫでしたが、記念撮影時にカメラマンに「かわいいね～、いい感じだよ～」と誉められているのに、何かが気に入らなかったらしく草履を投げ、足袋まで投げて暴れ、結局素足で写真をとりました。出来上がった写真には脱ぎ捨てられた草履と足袋が丁寧に並べられてうつっている。で、昨年の7歳のときは、親の希望で舞妓《まいこ》さん風にしてもらおうと思い、日本髪を結ってもらったのだけど、鏡に映った自分がいやだったのか、着付け前にセットした髪の毛をぐちゃぐちゃにして大暴れし、記念撮影をドタキャンしました。大物女優の風格？

28 他人の手

（奈良県生駒市、自営業、梅田賢次、34歳）

僕の愛《いと》しい娘（1歳7カ月）は、未知のものに遭遇した時、絶対に自分でさわらずに、必ず僕の腕を引っ張って僕にさわらせます。そして安全を確認しないかぎりぜったいに物に触れません。その調子でこれからも、男を利用するズルい女でいてください。

29 改造

（和歌山県橋本市、事務員、鈴木佑理、38歳）

「花の香りがするパパが好き♡」と、パパとお風呂《ふろ》に入るときは、花の入浴剤を指定する5歳の娘。パパはお姫様のご機嫌をとるため、ご指定の入浴剤は欠かしません。「たばこ臭いパパは嫌い！」といわれ、たばこもやめてしまった。娘に改造されたパパは、今日も出勤電車の中で花の香りをふりまいていることでしょう。

お弁当の
デザートに
ぬたを
つっこんだら
怒って一日
口をきいて
くれなかった。

30 結果主義（神戸市、会社員、渡辺佳子、43歳）

9歳の娘、大好きな漫画本をお父さんに頼んでいたのですが、忙しいお父さんは、なかなか買って帰れません。そんなある朝――。

娘「お父さん、今日こそ絶対、買ってきてよ」

父「わかった。頑張るから」

娘「お父さん、『頑張る』じゃなくて、『やる』でしょ！」

父「おっ……お父さんが会社で部下に言うようなこと、言うなー（泣）」

このきつい性格、だれに似たんでしょう。

31 まだ早いっ！（東京都八王子市、パート、土屋真奈美、39歳）

二女は、小さな頃から割とおしゃれをする子でした。そして、親から逃れるように、ひとりで勝手にどこかへ行ってしまう癖もありました。ある日の昼間、おむつが取れるか取れないぐらいの二女の姿が家の中のどこにも見当たりませんでした。私は青くなって外に飛び出し娘を捜しました。すると、マンションの前の道を、私のブラジャーを着けて（ぶら下げて）ひとりで公園に向かっている娘の姿を発見！　……血の気がひきました。

32 今日から私が！（兵庫県太子町、主婦、山口浩子、38歳）

夫は仕事のため3歳の娘の入園式に欠席。母子だけで出ました。入園式の後、駐車場に行くと、私が運転してきた四駆の運転席に娘は乗り込み、ハンドルを握り締めて言いました。

「今日から幼稚園生だからユキが運転する！　お母さんはチャイルドシートに座りなさい！　ちょっと！　どこ押したら動くのよ！」

説得にかかった時間、15分。最後は「運転には内緒の呪文《じゅもん》がいるの」という説明で諦《あきら》めてくれました。

33 おっさん（兵庫県芦屋市、アルバイト、西田育代、38歳）

色白で、まつげが2センチもあり、バレエを踊る小1の娘――。でも、家では「おっさん」と呼ばれている（それで返事もしてくれる）。風呂《ふろ》上がりはパンツ一丁で歩き回り、人またはペットのうさぎに向けておならする（うさぎは暴れる）。くしゃみは、「へっくしょ～お～いお～いお～い」と余韻を残し、食後は必ず満足のげっぷ。たいていのことは手を使わず足で済ます。好物はお酒のあてになるもの（塩辛、するめなど）。パパのビールをこっそりちょうだいする。言葉遣いは「なにさらすんじゃ～い、わるれ～ぃ！」。うちで唯一おっさんのはずのパパが、娘のそばではかわいらしく見える。外ではそんな生活をみじんもみせないわが娘。見事に「芦屋の女の子」を演じている。

34 かわいい妹

（静岡市葵区、主婦、中田珠実）


娘の友達が遊びに来たとき、その子の二つ下の妹（小2）もついて来た。みんなでゲームを始めると、

「私のことがかわいいと思う人、手を挙げて～」

「かわいいと思うならゲームに負けて！」

子供たち全員、ドン引き！　手加減してもらえないと「負けてくれたっていいじゃない！」と大騒ぎ。いちばん年下であることを巧みにアピールして、おもちゃやお菓子もゲットしていた。お姉さんはおとなしい子で、いつもこの妹にやり込められているそうな。

35 ティッシュ命

（群馬県みどり市、主婦、大島春江、45歳）

娘（4歳）はティッシュ魔。顔についたご飯一粒、お茶一滴、ジャム一筋など、いちいちティッシュを出して拭《ふ》く。しかも兄（6歳）にも同じお世話。お人形にはティッシュのドレスと、空き箱には分厚く敷き詰めたティッシュのベッド。ご自分はママ秘蔵のクリームを持ち出してたっぷり顔に塗ってはティッシュで拭き拭き（ああ5000円分……）。ときにはティッシュで包んだ何かを「プレゼント♪」と愛嬌《あいきょう》とともに配りまくる。中身を見るとただのティッシュの玉。もちろん捨てるところを見られたら許してもらえない。1日2箱使った時はさすがにばあちゃんに叱られてたけどね。よれよれのティッシュをできるだけ再利用している母の苦労もそろそろ分かってくれ。

36 アメリカがなんぼじゃ（米国インディアナ州、主婦、安達幸恵、42歳）

米国に来て半年。娘（小1）の帰宅後第一声はいつも「アメリカ人ってアホやで」。授業中座ってられなかったり、日本にくらべて幼い子が多いのは確か。でも、周りのみんなは言葉の出ない日本人に親切にしてくれているっていうのに——娘の言動にはアメリカ人へのライバル意識ありありです。ついには「私、なんでも一番になる！」と超大国アメリカでトップに立つことを宣言。「お兄ちゃんもやでえ」と息子（小5）にもハッパをかけています。おとなしいお兄ちゃん、ちょっと娘に根性分けてもらえよ。……足して2で割りたい母です。

37 適性

（静岡県浜松市、主婦、大石世志子、50歳）

◎乳児の頃、毎日哺乳《ほにゅう》ビン2本、ミルクを飲んだ。「おかわり！」。心配になって小児科に相談した。◎4歳頃。近所の魚屋さんの犬のごはんを横取りして食べた。中落ちの焼いたのだったらしい。「だって、チビがいいって言ったもん」◎バナナやみかんは二口で食べきった。口からあふれそうになると手で押さえてた。◎小学校の通学路に咲く花の味は全部知っていた。「これはねぇ、すいかの味がするんだよ」◎ものの大きさは口で計る子だった。「このトマトは一口でいけるけど、こっちは入らない」等々。◎娘、26歳。栄養士になった。

38 脱ぎたがり（福岡県宗像市、会社員、水上博之、36歳）

うちの娘は裸族である。おむつがはずれない頃は、ごわごわ感が嫌なのか、近所の公園に着くなり、ズボンを脱ぎ脱ぎ……。近所の方に「まあ、いつも元気ねぇ」と言われ、おむつ一丁で公園を疾走する彼女の背中を見守りつつ、なんとなく将来に不安を抱いたものでした。そんな彼女も、おむつがはずれ、パンツマンに変身。さすがに外ではズボンを脱がなくなりましたが、家ではほとんどパンツ一丁……。外出から戻るなりパンツ一丁……。帰宅すると迎えてくれるのは有り難いのですが、その姿でお迎えです。父は貴女の将来が心配です。最近の娘は「父ちゃん、さびしいから、お仕事お休みしてね」とのたまい、父を泣かせます。だけど、パンツ一丁……。

39 最後の手段
（兵庫県加東市、事務職、れいこ、41歳）


3歳の頃の二女みぃちゃん。仕事で遅くなった父親が夕食をとっていたところへ現れ、「お膝《ひざ》にだっこ〜」とせがんだが、「後にしなさい」と軽く拒否された。

そのとたん、

「みぃちゃんはママの宝物！」

「みぃちゃんは天使！」

「みぃちゃんは世界一かわいい！」

など、普段私が二女にかけている愛の言葉をまくしたて、何としても膝に座ろうとし始めた。その姿に「なんと健気《けなげ》なの（涙）」と感動していた母でしたが、最後には、

「みぃちゃんはパパだけ大好きなの！　もうママなんかいらない！」

と言い放ってニヤけた父親の膝をまんまと確保。

欲しいものを手に入れるためには手段を選ばない女を見ました。

いいわけ

40 機転

（茨城県牛久市、主婦、高橋冨美枝、34歳）

4歳の娘がお菓子を食べていたときのことです。おいしそうに食べる様子を見たばあばが、「じいじにも一つあげたら」と言うと、娘はお菓子の箱をじーっと見つめ（ひらがなしか読めない）、ひとこと。

「でもこれ、じいじにはあげちゃいけないって書いてある！」

あの映画の
こわさは中辛
おもしろさは
トロくらいかな

くいしんぼで
お料理大好き
娘の基準
発言。

41 うれし泣き

（埼玉県ふじみ野市、会社員、河井真紀、33歳）

1歳になった頃から風邪をひくとすぐ中耳炎になってしまう娘。4歳になった今もやはり耳鼻科通い。毎回毎回、怖がって泣くため、「泣かなかったらアメ2個あげる」と約束。しかし結果は大泣き、大騒ぎ、大絶叫！　もちろんアメはなし。

家に帰ってしばらくすると……。

「ねえ、母さん。みゆがね、今日耳鼻科で泣いたのは『こわいよぉー』って泣いたんじゃなくて、『嬉《うれ》しいよー、楽しいよー』って泣いたんだよ。だからアメちょうだい」

4歳の頭でよくそこまで考えたと思わず拍手！（でもアメはなし）

42 最善の努力

（横浜市西区、パート、折中芳実、41歳）

娘5歳。お姫様ごっこでシンデレラ。動物たちがシンデレラのドレスを作る場面らしい。

娘の一張羅のドレスとぬいぐるみのうさぎ、りすを配置。でも小鳥がいない。

「ちゅんこをとらなきゃ」

とベランダに出て餌のパンをまき、ざるで罠《わな》を仕掛けている。

あんたに捕まえられるすずめはいない。

しばらくして断念したらしく、小鳥役はカモのぬいぐるみになっていた。

43 二つの顔

（北九州市小倉北区、主婦、よっち、33歳）

あれは姪《めい》が4歳ぐらいの時。なぜか自分のことを「ちゅちゅ」と言っていた。しなをつくり甘えた声でお父さんに「パパぁ、ちゅちゅねぇ」といろいろおねだり。ある時、私が「ねえ、なんで『ちゅちゅ』なん？」と聞いたら、すごく冷ややかな態度で「いいやろ、別に」。そして何事もなかったように甘えた声で父親に話しかけていた。

「おとうさん おとうさんの 大好きな みゆちゃんが 泣いてるんだよっ どうすんのっっ？」
おまえは 居直り強盗かっ おやじ そこで折れるな おやじっ

44 それはちょっと…（東京都世田谷区、会社員、手塚香織、36歳）

三姉妹の中で一番の野生児、二女（6歳）。やることなすこと、かなり普通とずれているため、幼稚園からの電話など、日常茶飯事と化していた。ある日またもや幼稚園から電話。「あの、今度は洗濯機を壊したんですが……」。聞けば、洗濯機に泥を入れ、そのままスイッチを押したらしい。そりゃ壊れるわなと、本人に理由を聞けば、「泥んこがばっちかったから、洗濯機で洗ってきれいにしようと思った」。う～ん、確かに正しいような気もするけど……。

45 避難（奈良県香芝市、主婦、平井幸恵、38歳）

娘が2歳の頃。私が叱ったところ、そのまま行方不明に。慌てて探してみると、近所の友人から「来てるよ」と。友人によれば、ドアホンが鳴り玄関をあけたとたん「え～ん」と泣き出し、「かあちゃんに怒られてん」と言ったとか。

しかし友人に「まあ中に入り」と入れてもらうとピタッと泣きやみ「アンパンマンのビデオみていい？」とすたすた中へ。5分後に私が再会した時にはお菓子にジュースですっかりくつろいでいました。味をしめた娘は翌日にも家出を決行。友人宅のドアホンを鳴らす直前で発見、「家出はもうダメ」とつれて帰りました。

46 エコロジー（大阪市城東区、会社役員、草野久実、39歳）

4歳の娘は現在、エコロジーに興味津々。先日、祖父が2度続けてティッシュを取り、鼻をかむところを目撃した。「ちょっと、おじいさん。もったいない！　ティッシュは何からできているか知ってますか？　木からですよ。木をどんどん切ると森がなくなるんです。ティッシュは1枚ずつ使ってください！」「そーか、知らなんだ」と、はぐらかしつつ小さくなる祖父。ところが数日後、今度は自分がうっかり歯磨きチューブを強く押し、多めに出してしまった。「あっ、もったいな。マータイさんには言わんとこ……」。年寄りに厳しく、自分には甘かった。

※ワンガリ・マータイさんはMOTTAINAI運動を展開したケニアの環境保護活動家。

仏だんに
缶づめを
おそなえする娘。
「これなら古く
ならないし
いつでも食べら
れるし。」
あなたのうしろに
ひいばあちゃんが
見えます。
もったいないからな
ムダはあかんで

47 ゆっくりさん（さいたま市北区、事務員、志賀展子、40歳）

娘（4歳）はなんでもスローペースでマイペース。毎日私から「急いで！」「早く！」と言われている。今朝も登園中に「明日《あした》はもっと急ごうね」と諭すと、

「あのね、あーちゃん（娘本人）もね、急ごうとしているんだけどなぁ。『ゆっくりさん』が来てね、『ゆっくりして〜』って魔法をかけるから（右手を上にあげてクルクルと回してみせる）、早くできないのよ」

と答える。「困ったねぇ。今度ゆっくりさんに『来ないで！』ってお願いしようかな」と私が言うと、

「ゆっくりさんはね、目には見えないの。これくらいの大きさ（親指と人差し指を少しだけ広げてみせる）でね、ゆっくりさんの国にいるの。他にはどこにもいないの。おうちにも保育園にもディズニーランドにもディズニーシーにもいないの。それにね、ゆっくりさん使い（ゆっくりさんを操れる人、の意味らしい）はね、これくらい少ししか（人差し指と中指をたてる）いないからね。でも、ゆっくりさん使いも少しはいるんだよね」

などと、のんびりとゆっくりさんについて語りつづけ、

「あのね、あーちゃんはね、ゆっくりさんのことは何でも知ってるから、聞いてね」

と得意そうに話を締めくくった。

私達男の子母で小学校のビオトープに落ちたら
うちもおちたー
私んとこなんか入学式で
ぜったいわざと落ちてるよね
うちなんか兄弟3人全員
あはは
バカ男子と認定される。
あのー仲間に入れて頂いてよろしいでしょうか
うち小学五年で毎年連続で落ちてるんです
おおっそれはスバラシイバカだわっ。
ものすごいバカ男子さぞや毎日
女の子なんです
うわあ
ひーん
まあ元気が一番
てウケにもいかないわよ
これはキツイぞお母さん

秘密の花園

48 女だらけ

（西東京市、会社員、月澤黎、41歳）

うちは母子家庭です。ある日、娘の愛（5歳）との会話。
愛「うちはお母さんと、おばあちゃんと、愛ちゃんと、みんな女だね」
私「そうだね」
愛「みぃちゃん（猫）もメスだし、女だらけだね」
私「そうだね」
愛「男がいないと……（ここで一呼吸）」
私（何が言いたいんだ？）
愛「……静かでいいね」
ごもっともです。

49 知らぬは男ばかりなり（埼玉県川口市、パート、ぽこぽん、42歳）

小3の娘が急にカレの話をしなくなりました。父親が心配して、「○○君はどうしたんだ」と聞いたところ、娘は「はぁ〜」と深いため息をついて「ほかに仲良くしてる女の子がいるみたい。一緒に縄跳びしたりしてるみたいなの」。父親はオロオロ。早速、母親である私のもとに飛んできて「何とかちゃんはそんなに可愛いのか！」。いやさ、だんな。わが娘は私には「○○？　あんな男、もういらん」って、そりゃ元気に言ってやしたよ。今は女友達と遊ぶのに忙しいから、走り回ってるだけの男は必要ないそうな。でも何も知らない父親は、次の日、娘の大好きなキャラクターグッズを買い込んできてプレゼント。グッズの発売日に合わせた娘の計略に見事にひっかかりましたね。

50 詐称

（埼玉県松伏町、自営業、川代洋子、41歳）

7歳の娘に年をごまかしていた私。先日「ねーママ、本当は何歳なの？　前は30歳で昨日は32歳だったよ。本当は？」。

いつまでもウソはつけないな、と思い正直に「ママは40歳」と言ったとたん、娘はボロボロと泣き出した。「ママそんなに年なの？　もう死んじゃうの？　40歳は死ぬんだよ～」

言葉もなかった私に「ママ、だから言えなかったんだね！　ごめんね、忘れてあげる」。いろんな意味でショックでした。

そんな
お母さんとは
もう遊んで
あげない。
海で泳ぐ
練習で手を
はなすシュンカン。

51 手玉

（愛媛県新居浜市、自営業、中山瑞枝、32歳）

4歳の娘。パパにはとりあえず命令口調だ。「パパ、遊ぶよ‼」。パパは「は～い。でもチューは？」と姫のご機嫌をとりつつチューをねだる。「あ～と～で！」と笑顔でかわし、チューを安売りしない娘。最近は兄二人も娘のご機嫌をうかがうように……おかげで、娘に普通に怒るのは私だけに。ある日、私が「ちゃんと座って食べなさい！」と怒ると、娘はむっとして隣に座っていたパパをパチン！　と叩《たた》いて八つ当たり。叩かれても、相手にしてもらえてうれしそうなパパ。それをニコニコ見ている兄たち。冷静になれ、男たち！

52 チューの力

（福岡県中間市、主婦、みかママ、34歳）

いつものように添い寝をして、1歳5カ月の娘を寝かしつけていましたが、その日は布団の中でふざけまわって、なかなか寝ませんでした。私は家事もまだ残ってるし、つい「早く寝なさい!!」とイライラモードになってしまいました。すると娘がムクッと布団から出てきて、私の上に乗り、耳に何度もチュー♡をしてきたのです。「しょうがないなあ♡　家事は明日にしよう」――母はすっかり負けてしまいました。それにしても、こんなこといつの間に覚えたのだろう。娘の真の力を知ってしまった。

53 出口（神奈川県大和市、主婦、うーちゃんママ、45歳）

幼稚園のころ、例外なくうちの娘も「赤ちゃんてどうやって生まれるの？」の質問。コウノトリなぞ面倒くさいので、いっしょにお風呂《ふろ》に入ったときに秘密の場所？　を指差し「ここから自然に出てくるの！」と答えたら、しばし考え「……出れないじゃん」とひとこと。その後しばらく「出れないじゃん」はマイブームでした。

おっぱいが
おおきく
なります
ようにと
おいのり
していた。

54 ベローン（青森県十和田市、主婦、小山里子、41歳）

うちの娘の保育園時代のエピソード。お迎えのとき、先生が話してくれた。

「今日ね、カエル見つけてみんなで遊んでいたら、○○ちゃん、『お洋服脱がせるの～』って、口のところから皮をめくり始めたのよ～」

思わず尻《しり》のあたりがザワっとした母でした。

55 女同士（神奈川県相模原市、主婦、広井直美、53歳）

駄々をこねつづける6歳の娘に、私は「あんたなんか、お母さんの子供じゃない！」と言ってしまったことがあります。でも娘はケロリとしている。隣にいた4歳の息子が「えっ、K子ちゃんはお母さんの子供じゃないの？」と複雑な顔をして聞くので、私は図に乗って、

「そーよ。橋の下でミャーミャー泣いている赤ん坊を見たから、かわいそうに思って拾ってきてあげたの」。

息子は「そうなんだぁ」と真剣に受け止めている。少し言い過ぎた、心のなかで「ごめん」と娘に謝っていると、娘は弟にこう言った。

「だまされないで。ママがよその子を辛抱強く育てたりするわけないじゃん。本当の子だからちゃんと育ててんのよ」

母の性格をよく知っている。さすが女同士……。

今日はチョコバナナ大会
たくさんの女の子がひと言もおしゃべりせず。
バナナにひたすらチョコをつけ
は—
生クリームが
私はナッツが
いくらでもたべられる—
すごくしあわせ
部屋中がしあわせな甘いかおり。
何時間もずっとうっとり
昔、果樹園でみた、うれた桃の中で眠ってたイモ虫みたい。

悪女

56 みつぎもの（栃木県さくら市、会社員、くらむぼん、45歳）

娘が6歳の時のバースデーパーティー。「お友達を呼んでいいよ」と言ったら、来たのは男の子ばかり3人。手に手にプレゼントを持って、娘は大喜び。そこに少し遅れて4人目のＢＦ《ボーイ・フレンド》のＭ君。「プレゼントは？」と聞く娘に手渡したのは、中身だけ食べてしまったかわいいキャラクターの容器。それに娘は激怒して「帰って！」とかわいそうなＭ君を追い返してしまいました。しばらくすると、泣きじゃくるＭ君と〝ちゃんとした〟プレゼントを持ったＭ君のママが来て、「先程は失礼しました。うちの子もパーティーにまぜてもらえますか？」。ホントに恐縮しました。娘よ、お前はかぐや姫か？

57 シャネルの女（新潟市、主婦、よっしー、37歳）

私の姪《めい》っこが幼稚園の年長のとき。親戚《しんせき》の結婚式で一緒になりました。姪は有名アパレル勤務の両親に育てられた一人っ子なのでファッションにうるさい。案の定、私の顔を見て「お姉ちゃんの口紅は何てブランド？」と聞いてきた。「エリザベスアーデンって言うんだよ」と教えると、姪いわく「私はシャネルのほうが良いと思うよ」。私が自分の稼ぎで買ったモンなのに、幼稚園児に思い切りケチつけられました。数年後、親戚の不幸で再会したときはこんなことを言っていた。「私の好きな男の子はAちゃんが好きなの。Aちゃんはお家《うち》が貧乏でヘンな服を着てるのに〜」。小学生にして昼メロの悪役みたいな女の子でした。

58 世渡り（熊本県長洲町、主婦、べんじゃみん、36歳）

ウチの末娘のあゆみ（5歳）の話。じいちゃんの傍らに自分好みのお菓子があれば、すかさず「じいちゃんだいすき〜」と言いながら膝《ひざ》に座っておやつタイム（じいちゃんはメロメロ）。パパが帰ると「パパおかえりなさぁい♡　いっしょにおふろにはいろう」とサービス満点で、風呂《ふろ》上がりのビールのつまみのご相伴にあずかる。寝る前になると「ママがすき〜（少し涙声）」と私に鞍《くら》替《が》えし添い寝を要求。この人渡り？　上手な彼女、おもちゃを散らかし、いざ片付ける段になると、「あゆみがしたんじゃないもん」と泣きながら敵前逃亡。いつも兄姉が割を食う羽目に……。お見事！

とにかく
欲が
深い
よね

59 おカネの匂い（東京都小平市、会社員、矢澤美奈、41歳）

4歳の娘はもうとにかくじじい殺しが凄《すご》すぎ。しかもその場でいちばんカネもっていそうなおじいちゃんを瞬時に見極めて速攻で膝に座り込みます。私の友人の旦那《だんな》の実家が資産家で、そのお宅にお泊まりしたとき、友人のうちにも女の子（その家の孫ですね）が2人いるのに、そのおじいちゃん（資産家本人）に取り入って、知らない間に2人で散歩に行ったり、夕飯時には2人の孫を差し置いておじいちゃんの膝にちゃっかり座ってご満悦。帰宅後、彼女のつぶやいたセリフは「○○ちゃんたちより、私のほうがかわいいって。なんでみんな私のことかわいいって言うのかしらねえ」。

60 演技賞（札幌市西区、主婦、すみ母、37歳）

娘2歳。上の子と年の離れた、父待望の娘なんです。ある日、仕事から帰った父親に「あた〜たん、あた〜たん」と話しかけたもののお兄ちゃんに先を越されて自分はかまってもらえなかった娘。黙って背中を向けて肩を上下させながら「すん、すん」とすすり泣き……いや、待て、涙は一滴も出てないぞ。でも父親は思い切り騙《だま》されて「ごめんよ〜、さぁおいで〜」と抱っこ。ここで娘はさらに高度なテクニックを発揮。すぐには笑顔を見せず、目線を外して斜め45度を憂い顔でしょんぼり。父親、ご機嫌とろうとますますアセる！　しばらく必死のご機嫌とりをさせてから、やっと笑顔を見せるのでした。父親気づけよ！　ウソ泣きじゃー！

61 しもべ（東京都、会社員、小松原紀子、47歳）

3歳上の兄がいる娘は、小さい頃から兄の操り方が天才的。兄も「僕が守る」とネコ可愛がり。娘が小学校の頃、入学前はランドセルが嬉《うれ》しくてずっと背負っていたけれど、いざ入学すると教科書の重さに辟易《へきえき》したようで「重い～！」と文句たらたら。ある日、私が学校に行くと、校長先生から「○ちゃん、ランドセルも手提げもお兄ちゃんに持たせて、手ぶらで登校してくるのよ」と言われてア然……。家を出て、見送る私の目が届かなくなったところで、娘は兄に自分のランドセルを渡す。兄は腹側に娘の赤いランドセル、背に自分の黒いランドセルを背負い、手提げも持ってふーふー言いながら学校までの坂道をのぼる。娘は横で「がんばれ！」のかけ声で応援していたのでした。

じいちゃんは
孫娘の
付属品
すっかり
バカに
なってる
息子にみせたあの
きびしい顔はどうした。
ぺちぺち
何度も
殴打

62 イタダキ（山口県周防大島町、公務員、大沼伸彦、49歳）

うちの娘が保育園の頃、我が家にはお兄ちゃんの友達の小学生がよく遊びに来ていた。ある日、いつものようにテレビゲームの前でたむろしていた男の子の一人がお菓子を取り出し食べ始めた。それに気づいた娘が彼とお菓子をじーーーっと見続けると、男の子は視線に耐えられなくなったのか「これ食べる？」とお菓子を分けて娘に差し出した。満面の笑みでおいしそうに口に入れる娘。たまたま、その一部始終を見ていた私。娘は私と目が合うとニヤリと笑い、私の耳元でたしかにこうつぶやいたのだ。

「ふっ。ちょろい奴よ」

保育園児にして……恐るべし。

63 幼稚園児なっちゃん3歳（千葉市花見川区、パート、谷口知恵子、41歳）

なっちゃんにはパシリの男の子が2人います。

なっちゃんが公園の砂場で「お水がない」と呟《つぶや》くと、パシリ2人はバケツをもって水を汲《く》みに走ります。

なっちゃんは大好きなブランコが空いていないと、誰かが譲るまで恨めしそうに泣き続けます。根負けした子がブランコを離れても自分からは動きません。パシリが素早くブランコを確保です。

なっちゃんは同性が嫌いです。お友達のママが優しく話しかけても返事すらせず、ふっと鼻であしらいました。

と、そこへクラスのイケ面系の男の子が「なっちゃん、バイバイ」と。なっちゃんの顔は急にアイドルの目線になり、にっこり笑って手を振りました……。

以上、息子の友達、なっちゃんの悪女伝説でした。

（実は息子がパシリの一人……トホホ）

「一体何が不満なのよ」
「こんな生活のすべてがウンザリよっ」
先日幼稚園の娘に私と夫の全生活を否定されました。
でも原因は多分買ってもらえない洋服

ダンシングクイーン

64 修学旅行（山口県宇部市、パート、山本澄美恵、50歳）

女の子にとって小学校最後の修学旅行は一大イベントです。先生から「修学旅行は普段着でお願いします！」と注意を受けても、小6の娘のクラスの女子は一致団結。「○○ちゃんも△△ちゃんも買ってもらったよ。ねえ、一生のお願いね。高くなくていいから」。――親は、まんまとのせられ買わされました。

修学旅行の集合写真は、男子は普段着。女子はファッション雑誌から飛び出してきたようなきらびやかさでした。

65 歓喜の舞い

（神奈川県逗子市、主婦、知久真理子、44歳）

うちの娘は、離乳食を食べ始めた時から、食事がおいしいと踊る癖がありま す。6歳になった今でもそうです。ひと口食べるたびに立ち上がって踊ります。しつけをしなければならない親の立場として、一応しかりますが、おいしいと表現してくれてありがとう！　作った甲斐《かい》があるわあ♪

66 ツイスト（東京都練馬区、団体職員、山口美枝、37歳）

娘5歳。歌と踊りが大好き。

先日、パパにきつく叱られた時のこと。目に涙を浮かべ、

「ごめんなさい！（怒り口調）」

と言いながら、パパの足をぐりぐりと踏みつけツイストしてました（たぶん反省してません）。

キャミと
ぱんつが
おそろいで
ないから
いや。
朝は
ここから
はじまり洋服は
もちろんクツにクツ下
バッグにハンカチ。
だからってまかせると
すごく変なコーディネイト。

67 踊るDNA？（毎日新聞社員でスミマセン、望月麻紀、36歳）

5歳の娘。スーパーマーケットで流れる音楽に合わせて、踊る踊る。クラシックはもちろん、サルサもマンボもOK。アルゼンチンタンゴのライブでは、通路で踊り出し、スポットライトまで浴びた。

親バカ母はここまでは許す。でも、JR山手線の車両中央部に立っている手すりに足を掛け、手を広げてのポールダンスは他人の迷惑。「雨に唄《うた》えば」を歌い踊りながら保育園に向かい、行きつ戻りつして遅刻するのもやめてほしい。

そういえば、あなたの父親は小1の時、学校の机の上で裸踊りを披露したという。これも血か。ああ、元夫。

68 夢見るみかん（水戸市、会社員、大西科学、35歳）

3歳の娘。自分で考えた歌をよく歌っています。

「みかーん、みかーん、ゆめーを、みてーる」

とあるとき歌いだして、夫婦はもう感動。ああ、この感性を大事にしなきゃ。この子はそのうち音楽家として名をなすかもしれない。いや、きっとそうなる。

「いいねえ、その歌、もっと歌ってよ」

「いいよー。みかーん、みかーん、ゆめーを、みてーる」

「みかーん、みかーん、ゆめーを、みてーる」

娘の歌に声を合わせて歌う夫婦。ああ幸せ。

「なっとーっ！」

……と、突然娘が叫びました。

「ええっ！」

「ゆめーを、みてーる、なっとーっ」

「そういう歌なの？」

「そう。みかーん、みかーん、ゆめーを、みてーる、なっとーっ」

みかんと納豆が好きな娘でした。

まだ
どんな
レッスン
するかさえ
知らないのに
プリマドンナに
なれると
信じている

ルージュの伝言

69 もちもち

（大阪市城東区、大学院生、山田奈津、41歳）

女の子はだいたいがおしゃまで、大人の真似をしたがる。何かといえば「あたちがやる！」。これはわが娘が3歳頃の話。みなで夕食をとっていると電話が鳴った。すかさず娘が「あたちがでるの！」と椅子から飛び降りた。こちらはこれ幸いと「お願いね～、ちゃんと『どちら様ですか』って聞いてよ」と余裕ぶっこいて食事を続けた。隣の部屋から娘の声が聞こえる。「もちもち山田ですよ～」。よしよし。すると娘が声のトーンを一段下げて続けた。「おまえだれ？」

70 助け舟

（岡山市、主婦、北川恵子、37歳）

マンションのエレベーターで。10歳の長男、7歳の長女と私が乗り込むと、マンションでも男前で有名な某ご主人が乗っていた。長男がおならをしたので、私が「またおならして！」と言うと、長男「だってお母さんも今朝したやん」。私は「お母さんはおならなんかしないの！」と、少し赤面しながらも、私のマンション内での名誉にかかわるので否定を続けた。そこで長女が「お母さんは、おならなんかしないよ」と発言。よしよし、いい子だ、と思った次の瞬間、「お母さん、ここはうそをつき通さなきゃ！」。私のすべてが崩れた。

71 朝のひとこと（大阪府寝屋川市、主婦、佐藤綾子、35歳）

ある朝の出来事です。幼稚園に行く娘が「行ってきま～す!!」と元気にパパにご挨拶《あいさつ》。でも朝からちょっと具合が悪いらしいうちのパパは、布団のなかから「行ってらっしゃい」と小声で言うのが精一杯。

そこで娘がひとこと。

「元気のない男やな～！」

娘が出たあと、気まずい空気が……。主人には「誰があんな言葉教えたのやら」と嫌味を言われるし（私じゃな～い）。

どんなに
くよくよ
してても
ケーキがあれば
大丈夫。
お母さんも
ずっと
そうだったから。

72 禁句（北九州市、会社員、匿名希望、34歳）

離婚して約1年。娘2人は母である私が引き取りましたが、月に1度くらいはパパと4人でお出かけしています。

パパとお出かけの日、車のなかで二女（4歳）が突然パパに質問しました。

「パパ、さみしい？」

……娘よ、それを聞いてはいけません。

73 どこだろー（滋賀県東近江市、パート、大洞明美、35歳）

娘が3歳のとき、下の子を出産。娘は病院に赤ちゃんの顔を見に来た。じーっと不思議そうに見て、ひとこと。「ママ、かわいいなー、どこで買ってきたん？」。……目が点になったあと大爆笑！　出産の疲れが一気に飛んでいきました。

74 即答（愛媛県新居浜市、主婦、近藤直美、26歳）

3歳の娘。英会話教室で。

「ニンジンは英語で？」の質問に「バナナっ」。

「じゃあ犬は？」に威勢よく「ゴン太っ」。

苦笑する先生が最後に、

「じゃあ、お母さんは何だった？」

と聞くと、

「ケチです！」

と即答して満足そうな様子。

天然なのか、当てつけなのか……。

75 その気なし（兵庫県川西市、主婦、岩元麻由子、36歳）

4歳の娘。とーちゃんのチューが嫌いでキスされた後は口をふき「気持ち悪い(￣□￣)」と言います。ある日娘が「かーちゃん結婚のとき、とーちゃんとチューしたん？」と聞くので、「したよ」と答えると「気持ち悪いの我慢したん？」と言いました(^_^;)　かわいそうなとーちゃんです。

76 好きな人（神奈川県藤沢市、会社員、伊東早苗、35歳）

「誰が一番好き?」と尋ねると、「もちろんママ!!」と心から答える娘1（9歳）。娘2（5歳）の方は、実はパパが大好きなのですが、ママが尋ねたら「ママ……」と答えるお調子者です。先日、近所の方から「大きくなると、家族以外の人も混じるから、順位が下がることもあるよね」と聞いたので、娘2に試してみました。「1番がママでしょ、次がクラスのたくちゃん、次がゆうきくんで、次がとしくん、次がはるくんで……」と、男の子の名前が並んだ次は、実家で飼っているネコや犬の名前が続き、おじいちゃん、おばあちゃん、その後は、園の女の子のお友達の名前が延々と続きました。

ちなみに、お姉ちゃんの名前は出てきませんでしたね……仲悪い姉妹です。

77 言葉の使い方

（埼玉県草加市、パート、喜多山やよい、39歳）


先日、娘（5歳）が帰宅するなり、ひとこと。

「おかあさん、Aちゃんって、かわいいんだよ」

私が「どうして」と聞くと、

「だってね、ビミョーって意味、なにかの病気だと思ってるんだよ。だから優しく教えてあげたの。ビミョーっていうのはね、『この料理おいしい？』って聞かれた時に使う言葉なんだよ」

え~っ、そんなあ。母は悲しい……。

78 彼女のボキャブラリー（川崎市麻生区、自営業、愛場智恵、39歳）

4歳の娘はアニメのケロロ軍曹が大好き。毎日のように録画して視聴していますが、8歳になる息子の勉強タイムだけはテレビ禁止。息子もテレビが見たいので、その時間までに宿題を片付けようとするのですが……。

ある日、何度も「まだ宿題、終わらないの？」と聞いていた娘、1時間たっても終わらない兄貴についにマジギレ。

「お前がちゃっちゃと宿題やんないから、いつまでたってもケロロが見れないじゃないか！　このボンクラがぁ！」

……ボンクラという言葉を久しぶりに聞きました。

別の日、父親に叱られた娘。自分が悪くても絶対に認めようとしません。しばらく押し問答したあと、

「うわぁん！　カッパがわたしにいじわる言う！」。

カッパ……と呼ばれた主人は、しばらく絶句しておりました。

（名誉のために補足しますが、主人は髪ふさふさです）

ガチャ
ブー
みこちゃん
ウォシュレット
使ってるの？
使っちゃダメよ
にんげんのおしりの
穴からは油がでてるの
ウォシュレットでその
油が流れたら大変な
ことになるのよ
まあああ
油ってどんなの
カブト虫の
おしりから変な
においがするでしょ
アレよアレ
まあああ
おかあさん
ウォシュレット
使ったら
ダメよ～
ガチャ
トイレ中
あけないで
女の私が言うのも
何だが女のうわさ話
には根拠がない。

スイートメモリーズ

79 はるまき（神戸市灘区、看護師、今村朱美、41歳）

4歳になる娘は、お風呂《ふろ》上がりにシャンプーしてぬれた髪を私がターバンで持ち上げているのを見て、「私もはるまきして！」とタオルを私にさし出す。ターバン＝はちまき＝はるまきと彼女の頭の中で進行していったみたいだ。何度も「はるまき！」とお願いされると、つい笑ってしまうほどかわいいと思う。

よく
思い
出して
怒ってる

80 宣言（長崎市、会社員、はるかママ、39歳）

かつて「大きくなったらお父さんと結婚するの」とお父さんべったりだった娘。保育園の年長組になると、同じ組の子と「ラブラブ」（本人の言葉）になり、お手紙交換などを始めました。

そしてついにある日、

「お父さん、あのね、私はもうお父さんとは結婚できないの、ごめんね！」

と涙目で宣言。お父さんがしばらく落ち込んだのは言うまでもない。

81 ねんねの時間（米国ワシントン州、ソーシャルワーカー、大澤ブリングマン千恵、35歳）

5カ月になるわが娘（ニックネームはぷーちゃん）。最近眠くなると小さい両手を目に当ててごしごしするように。涙ぐんだ目をして「うーん」て息張りながら伸びをするぷーちゃん、もうめちゃめちゃたまらなくかわいい。そんな仕草に主人も私もメロメロ。そのあと2人でぷーちゃんの取り合いをしてキス合戦がはじまります（愛に飢えているのは実は親だったりして）。

82 感謝

（福島県、学生、大矢恵、31歳）

わが娘、2歳と6カ月。私が泣いていたら黙ってギューっと抱きしめてくれた。私が泣いていたら「ママちゃん、泣いちゃだめよ」とヨショシしてくれた。私が泣いていたら「ずーっとそばにいるよ」と頬と頬をくっつけてくれた。離婚によって受けた傷がなかなか癒《い》えない私を包み込んでくれるあなた。小さな体で私にたくさんの喜びと幸せを与えてくれる。私をあなたの母にしてくれてありがとう。

ずっと
大人に
なっても
かわいらしく
女の子らしく。
でも
ドレスも宝石も
自分で買える
ようにね。

83 ママの口癖（神奈川県平塚市、公務員、菊地真由美、37歳）

4歳の娘は、あいにく私に似て「かわい子ちゃん系」の顔ではない。だが、自分の娘は何をしてもかわいいもので、私の口癖は「ももちゃん、かわいいね」「どうしてママの子どもに生まれてくれたの？」「ママのところに来てくれてありがとね」。人様から見れば「ばかママ」である。先日も娘を抱きながら、感慨深くいつものせりふを語りかけていたところ「あのさ、ママ、いつもそんなこと言うけどさ。ダイジョウブ？」。えっ、ダイジョウブって何？　何？

84 クレヨンみーちゃん

（新潟市、自営業、渡辺フミ子、40歳）

二女を妊娠中だった7年前、つわりに悩まされた私は、その日も「ゲーゲー」苦しんでおりました。すると隣の部屋で遊んでいた当時2歳の長女が飛んできて、「おかあさん、だいじょうぶ？　だいじょうぶ？」と優しく背中をなでなでしてくれました。（こんないい子に育ってくれて……）。涙が出そうになりながら2人で隣の部屋に行くと、白い壁一面にクレヨンで落書きしてありました……。クロス張り替えは高くついたけど、初めて人の顔らしきものを描いたのもその時だったし、今では楽しい思い出です。

85 今日でお別れ

（さいたま市南区、会社員、奥谷直澄、42歳）

ある日、小5の娘といつものようにお風呂《ふろ》に入っていると、「もう自分で頭も洗えるし体も洗えるし、一人で大丈夫だから」。がーん。いつか来るとは思っていたけど、それが今日だとは……。ショックを顔に出すまいと、笑顔で「そっか、じゃあもう大丈夫だね」。娘を見ると、うっすら涙を浮かべていて、頑張って自分の思いを口に出したんだと、娘の成長に喜びと寂しさで胸いっぱいに。努めて明るく振る舞っていたつもりが、娘にはへこんでいるように見えたらしく「でも、たまには一緒に入ってもいーよ」。その気遣いにまたぐわあぁーんと。素直な良い子に育ってくれました。でも世のパパは、切ないっす。

男の子はつらい目にも
あわなきゃ
いけないって思う。
でも、そんなワケには
いかないんだけど
女の子の
あなたには
何もないまま
育ってほしい。
母の本音

86 花のプレゼント

（神奈川県大和市、主婦、槝之浦トシ子、68歳）

「ただいま～」と元気に遊びから帰ってきた娘が、私に「はい、ママ」と差し出したのはお花でした。その花は道端によく生えている「ヒメジオン」という野草です。

「ありがとう」

私は初めて娘からもらったプレゼントに感激しました。娘が幼稚園児のときのことですから、もう35年も前のことになります。

学生時代もお小遣いを節約して、私の誕生日には必ずお花を贈ってくれました。そして最後のプレゼントは、嫁ぎ先から贈ってくれた母の日のカーネーションでした。その年の6月に娘は帰らぬ人となりました。

お花の大好きな私も、しばらくは花屋さんに立ち寄ることはできませんでしたが、私は娘の仏前に供えるために花屋に行きます。娘からは「ありがとう」の言葉は返ってきませんが、私は娘に「たくさんの思い出をありがとう」と言っています。

男子系

わたしも仲間に入るー
たたたたたた
あそぼー
ずざざざー
ねーガリガリくんの当り棒何本持ってるー
ポケモンカードとコーカンだー
オレこのドロ食えるぜー
あはははは
どろどろ

あの娘さんの親はさー、もういいかげんあきらめて娘には毎日イモジャーを着せるべきだよねー
あーあ ピンクだよ ドロとれないよ
あはははは
いやー なかなか あきらめきれないよ
かわいい娘にかわいい洋服。いつかは女の子らしくなってくれる。まさかこのまま ずっと中身男の子のまんま成長するワケがないって
はいそうです ウチはまさか そのまんま
育ってしまいましたっ
女の子なのに角刈りかよと思うほど髪は短く毎日陸上の部活で
もちろん一日イモジャー
かーちゃん
はらへったー メシ!
ただいま ママおなかペコペコって言って。

イモジャー＝おしゃれでないジャージ

そんな娘になんと
彼氏が!!
同じ部活の男の子。
彼、見る目あるなって、
だってうちの娘すごく
性格いいんだもん。
仲良くイモジャーで
娘は本当に
シアワセそうで、
ある日のデートの帰り
ちょっとお前にしかできない話があるんだ
きいてくれる?
オレ三組のさきのこと好きなんだ伝えてくんないかな
彼にとって娘はただの男友達だったのよ。

娘ヤケ食いっっ
えっく
えっく
ガツガツ
あんたが悪い
はー
ちょっと何でよー
まぎらわしいカッコしてるあんたが悪い
男はバカなんだからそんなん見分けつくわけないじゃないー
かーちゃんひでーよ
ずびー
おかわりっ
えーと
く
公文式で女の子ドリル出してくんないかねえ
子猫ちゃん
気まぐれ
フリルの
徹底反復
無責任
あはは
そーね

男子系/おわり

大人になったら
背が高くなって
肌が白くなって
金髪になって
青い眼になって
ハリウッド
女優に成長
すると思い込んでる。
めちゃ和顔

母と娘

深夜の歌舞伎町でパンチ黒服が警察と、ケンカしている。
ねーのかよ
黒服は最後の親切でケンカしてるようにみえた。
用意できねえってんなら乗せられねえからな
チャイルドシートがなきゃ連行はさせねえからなっ

今頃
あの母娘は
遠い祖国に
いるのだ
ろうか。
どうか
二人がまだ
手をつないで
いますように。
娘とまいにち
手をつなぐたび
感謝します。
すべてのことに
たくさんのことに。

母と娘/おわり

本書は二〇〇六年十一月に毎日新聞社より
刊行された単行本を文庫化したものです。

ああ娘《むすめ》

西原《さいばら》理恵子《りえこ》+父《とう》さん母《かあ》さんズ

平成25年 10月25日　初版発行

発行者●山下直久

発行所●株式会社KADOKAWA
〒102-8177　東京都千代田区富士見2-13-3
電話 03-3238-8521（営業）
http://www.kadokawa.co.jp/

編集●角川書店
〒102-8078　東京都千代田区富士見1-8-19
電話 03-3238-8555（編集部）

角川文庫 18193

印刷所●株式会社暁印刷　製本所●株式会社ビルディング・ブックセンター

表紙画●和田三造

ISBN978-4-04-101034-1　C0195

角川文庫発刊に際して

角川源義

第二次世界大戦の敗北は、軍事力の敗北であった以上に、私たちの若い文化力の敗退であった。私たちの文化が戦争に対して如何に無力であり、単なるあだ花に過ぎなかったかを、私たちは身を以て体験し痛感した。西洋近代文化の摂取にとって、明治以後八十年の歳月は決して短かすぎたとは言えない。にもかかわらず、近代文化の伝統を確立し、自由な批判と柔軟な良識に富む文化層として自らを形成することに私たちは失敗して来た。そしてこれは、各層への文化の普及滲透を任務とする出版人の責任でもあった。

一九四五年以来、私たちは再び振出しに戻り、第一歩から踏み出すことを余儀なくされた。これは大きな不幸ではあるが、反面、これまでの混沌・未熟・歪曲の中にあった我が国の文化に秩序と確たる基礎を齎らすためには絶好の機会でもある。角川書店は、このような祖国の文化的危機にあたり、微力をも顧みず再建の礎石たるべき抱負と決意とをもって出発したが、ここに創立以来の念願を果すべく角川文庫を発刊する。これまで刊行されたあらゆる全集叢書文庫類の長所と短所とを検討し、古今東西の不朽の典籍を、良心的編集のもとに、廉価に、そして書架にふさわしい美本として、多くのひとびとに提供しようとする。しかし私たちは徒らに百科全書的な知識のジレッタントを作ることを目的とせず、あくまで祖国の文化に秩序と再建への道を示し、この文庫を角川書店の栄ある事業として、今後永久に継続発展せしめ、学芸と教養との殿堂として大成せんことを期したい。多くの読書子の愛情ある忠言と支持とによって、この希望と抱負とを完遂せしめられんことを願う。

一九四九年五月三日

角川文庫海外作品

ああ息子

西原理恵子
＋母さんズ

耳を疑うような爆笑エピソードの数々。でもみんな、本当にあった息子の話なんです――‼　息子の「あちゃちゃ」なエピソードに共感の声続々！　育児中のママ必携の、愛溢れる涙と笑いのコミックエッセイ。

サイバラ式

西原理恵子

デビューから印税生活までの苦闘、そしてギャンブルにまみれていくまでのりえぞうを描くパーソナル・エッセイ＆コミック集。メルヘン的リアリズムのコミックは西原画の原点！

どこへ行っても三歩で忘れる
鳥頭紀行ジャングル編

西原理恵子
勝谷誠彦

ご存じサイバラ先生、カモちゃん、ゲッツがジャングルに侵攻！　ピラニア、ナマズ、自然の猛威まで敵にまわした決死隊たちの記録！

できるかな

西原理恵子

原子力発電所「もんじゅ」の体当たりルポから、タイでの生活実践マンガ、釣り三昧の日本紀行、そして、ロック・コンサートのライブ・レポートまで。西原理恵子が独自の視点で描く、激辛コミック・エッセイ！

どこへ行っても三歩で忘れる
鳥頭紀行くりくり編

西原理恵子
ゲッツ板谷
鴨志田穣

サイバラりえぞうが、ゲッツ、カモちゃんを引き連れ、ミャンマーで出家し、九州でタコを釣り、ドイツへハネムーンに飛ぶ！　悟りを開いたりえぞうが、人生相談もしてくれて……。

角川文庫海外作品

できるかなV3　西原理恵子

脱税からホステス生活まで、サイバラ暴走の遍歴を綴った爆笑ルポマンガ。大人気の『できるかな』シリーズ第3弾、満を持して文庫化！

ぼくんち　(上)(中)(下)　西原理恵子

ぼくのすんでいるところは山と海しかない　しずかな町で、端に行くとどんどん貧乏になる。そのいちばんはしっこがぼくの家だ——恵まれてはいない人々の心温まる家族の絆を描く、西原ワールドの真髄。

ものがたりゆんぼくん　全四巻　西原理恵子

「ゆんぼ」という変わった名前をつけられた男の子。山奥の村でたくましく暮らす母と息子、友達や飼い犬たちとの心の交流を通して織りなされる少年の成長物語。西原理恵子の真骨頂、名作叙情マンガ。

この世でいちばん大事な「カネ」の話　西原理恵子

お金の無い地獄を味わった子どもの頃。お金を稼げば自由を手に入れられることを知った駆け出し時代。お金と闘い続けて見えてきたものとは……「カネ」と「働く」の真実が分かる珠玉の人生論。

いけちゃんとぼく　西原理恵子

ある日、ぼくはいけちゃんに出会った。いけちゃんはいつもぼくのことを見てくれて、落ち込んでるとなぐさめてくれる。そんないけちゃんがぼくは大好きで……不思議な生き物・いけちゃんと少年の心の交流。

角川文庫海外作品

アホー鳥が行く
静と理恵子の血みどろ絵日誌　伊集院　静／西原理恵子

それがどうした
静と理恵子の血みどろ絵日誌　伊集院　静／西原理恵子

たまりませんな
静と理恵子の血みどろ絵日誌　伊集院　静／西原理恵子

どうにかなるか
静と理恵子の血みどろ絵日誌　伊集院　静／西原理恵子

なんでもありか
静と理恵子の血みどろ絵日誌　伊集院　静／西原理恵子

独特のダンディズムと尽きることのない情熱をもって、寸暇を惜しんで挑んだ競輪、競馬、麻雀……文壇きっての無頼派作家に無敵の漫画家が容赦ない強烈なツッコミを入れる週刊誌連載の人気エッセイ第1弾！

成功することは喜ばしいことだが、私は夢破れた人に、どこか親近感を覚えてしまう――。人生の荒波を乗り越えるにはもはや開き直るしかないのか？　ギャンブルとお金、そして人生を巡る人気エッセイ第2弾！

タイトルの「たまりませんな」は、勝利のカタルシスか。それともオケラ街道への警鐘か。直木賞作家と手塚治虫文化賞漫画家が強力タッグ？を組んだ人気ギャンブルエッセイ第4弾！

今の状況が最低最悪と言われようと、人生のんきにゴマカしゴマカし生きていけばなんとかなるもの。常に前向きで楽観的な日々を綴った最強コンビによる痛快無比の名物エッセイ第5弾！

文壇きってのギャンブラーと、無敵の漫画家が最強タッグを組んだ「週刊大衆」の人気連載エッセイシリーズ第6弾！　特別付録：伊集院×西原「なんでもあり座談会」、ゲスト武豊。

角川文庫海外作品

タイ怪人紀行
ゲッツ板谷
写真／鴨志田 穣
絵／西原理恵子

金髪デブと兵隊ヤクザ、タイで大暴れ。不思議な国・タイで出会った怪人たちと繰り広げる、とにかく笑える〝怒涛の記録〟。サイバラ描き下ろしマンガも収録。ゲッツ板谷が贈る爆笑旅行記！

ベトナム怪人紀行
ゲッツ板谷
写真／鴨志田 穣
絵／西原理恵子

「2年前、オレはベトナムに完敗した……」。不良デブ＝ゲッツ板谷と兵隊ヤクザ＝鴨志田穣が今度はベトナムで雪辱戦。またもや繰り広げられる怪人達との怒濤の日々。疾風怒濤の爆笑旅行記第2弾！

バカの瞬発力
ゲッツ板谷
絵／西原理恵子

「ラビット」を「うずら」と訳す弟、飛行機の中で腕立て伏せを繰り返す父親、車にひかれて「ボスニア！」と叫ぶバアさん、トランシーバーでしか話せない風戸君……人類の最終兵器による脅威の爆笑エピソード。

板谷バカ三代
ゲッツ板谷
絵／西原理恵子

バカの「黒帯」だけで構成されている板谷家。その中でも、ばあさん、ケンちゃん（父）、セージ（弟）のゴールデンラインは核兵器級のバカ……横隔膜破裂必至の爆笑コラム集！

やっぱし板谷バカ三代
ゲッツ板谷
絵／西原理恵子

郊外の住宅地、立川。この地に伝説のバカ家族、板谷家あり。日本国民を驚愕させた名著『板谷バカ三代』の続編降臨！　日本経済と足並みを揃えるかのごとく、ここ数年板谷家は存続の危機に陥っていたのだが。